ビジネスに役立つ

菜根譚

はじめに

『菜根譚』は、日本人に人気がある中国の古典です。『論語』が道徳の最高傑作であるならば、『菜根譚』は処世訓の最高傑作といえます。

今から四〇〇年ほど前に書かれたものですが、現代の私たちが読んでも胸に刺さる教えが数多くあります。それゆえ、経営者など多くのリーダーが愛読してきたことで知られています。仕事に対する姿勢、人付き合いにおける振る舞い、逆境の時の考え方など、きれい事ではない、現実に則した教えが満載です。

本書では『菜根譚』の主な教えを取り上げ、ビジネスに役立つよう章ごとにまとめました。現代を生きるみなさんの心の指針となることを祈ってやみません。

ビジネスに役立つ　菜根譚　もくじ

第1章　仕事に向き合う心構え

第2章　一流の立ち振る舞いに学ぶ

第3章　逆境を乗り越える考え方

第4章　社会を生き抜く人付き合い

第5章　自分を成長させる

第6章　自分自身に打ち勝つ

第1章　仕事に向き合う心構え

正しい道を歩めば、苦難は乗り越えられる

道徳に棲守《せいしゅ》する者は、一時に寂寞《せきばく》たり

棲守道徳者、寂寞一時（前集１）

どんな人でも、一番大切なのは人として正しい道を歩むことです。何があっても、人の道から逸《そ》れないこと。それさえ忘れなければ、つらい時期があっても必ず乗り越えられるのです。

素直で誠実なあり方を心がければ、
道は自ずと開かれてゆく

君子《くんし》はその練達《れんたつ》ならんよりは、朴魯《ぼくろ》なるに若《し》かず

君子與其練達、不若朴魯（前集2）

中国では、徳が高く人格の優れた立派な人のことを「君子」という言葉で表します。

社会に出て経験を積めば、組織で生き抜いていく知恵が少しずつ身に付いてきます。その中で、上司や同僚の心をつかみ、気に入られることで出世の道を切り開いていこうとするタイプの人もいるでしょう。それも上の地位を目指す手段のひとつです。

しかし、本当の意味で立派な人というのは、素直な心でいるのが一番だと知っています。自分を飾らず、他人を広く受け入れる心。それがあれば多くの人から信頼され、自然と高みに登っていけるのです。

手にした成功と名誉は
誰かの支えがあってこそ

完名美節《かんめいびせつ》は、宜《よろ》しく独り任ずべからず。
些《いささか》を分《わか》って人に与うれば、以《もっ》て害を遠ざけ身を全《まっと》うすべし

完名美節、不宜獨任。分些與人、可以遠害全身（前集19）

どんな仕事も、一人で完結することはありません。会社に勤務していれば、上司や先輩の指導、同僚や部下の協力のもと、仕事は進められます。独立して仕事をしている人も、仕入先や委託先など、必ずどこかで他人が関わっているはずです。誰かが欠けていれば、この仕事は成し遂げられなかった。そんな思いを忘れない人は、成功を独り占めしたり、ひけらかすことはありません。

あなたの仕事によって会社が成長すれば、社員全員の給料が上がる。社員一人ひとりの力があって会社が成り立っているのだから、それは自然な流れです。それを喜べるようになって初めて、あなたは本当に組織の一員となったと言えるのです。

見えない未来と変えられない過去を考えず、今この瞬間に力を注ぐ

未だ就《な》らざるの功を図《はか》るは、已《すで》に成るの業《ぎょう》を保つに如《し》かず。既往《きおう》の失《しつ》を悔ゆるは、将来の非を防ぐに如《し》かず

圖未就之功、不如保已成之業。悔既往之失、不如防將來之非（前集80）

毎日多くの仕事をこなしていると、心配事や後悔は尽きません。「来週の商談、うまくいくだろうか」「先月、仕事で失敗したせいで、仕事が山のように溜まってしまった」……。そんな経験は、誰にでもあるでしょう。

しかし、過去や将来のことに心を煩わされるのは、全くもって無駄なこと。将来の仕事がうまくいくように準備したり、過去のミスを挽回するにはどうしたらいいかを考えるなど、「今できること」に集中するのが、常に最善策なのです。

大きな成功を求めるより、目先の仕事を丁寧に

世に処しては必ずしも功を邀《もと》めざれ、
過《あやま》ちなきは便《すなわ》ち是《こ》れ功なり

処世不必邀功、無過便是功（前集28）

あなたが「本当に仕事ができるプロフェッショナルだなぁ」と思える人を思い浮かべてみてください。その人はきっと、どんな仕事を任せられても、着実にこなす人ではありませんか？

何か一つ大きなことを成し遂げるのも仕事の醍醐味ですが、大きな仕事を任せられるには、信頼があってこそ。そして、信頼というのは、丁寧な資料作りや約束の時間を守るなど、小さな行動の積み重ねによって築き上げられていくものなのです。

立派な功績を残そうと大きな仕事ばかり追うのではなく、まずは小さな仕事を丁寧にこなしていくこと。そうすることで、「君に任せておけば安心だ」と言われる人を目指しましょう。

どんな時間も成功のために活かしきる

閒中《かんちゅう》に放過《ほうか》せざれば、忙処《ぼうしょ》に受用《じゅよう》あり

閒中不放過、忙處有受用（前集85）

どんな仕事であっても、多かれ少なかれ忙しい時期とそうでない時期の差があるものです。忙しい時は目の前の仕事をこなすのに必死になりますが、比較的余裕のある時間を、あなたはどう過ごしていますか？

余裕があるからといってのんびり仕事をするのではなく、この時間をきちんと活かせば、つらい時期を乗り越える鍵となるのです。

この先やってくる仕事のために準備をしたり、いつかやらなければならない仕事を先に片付けたり、あるいは、将来を見据えて勉強の時間に充てるのもいいでしょう。「暇な時間はチャンス」と思って、より良い時間の使い方を探してみましょう。

今ここにあるものを最高に楽しめ

天地《てんち》には万古《ばんこ》あるも、此《こ》の身は再《ふたた》びは得られず。
人生は只《た》だ百年のみ、此の日最《もっと》も過ぎ易《やす》し

天地有萬古、此身不再得。人生只百年、此日最易過（前集１０７）

誰であっても、人生は一度きり。長くてもせいぜい１００年程度です。限られた時間を無駄にしないためには、今やっていることにしっかり力を注いで、最大限楽しむことが大切なのです。

大きくて、地に足のついた目標を

気象は高曠《こうこう》なるを要して、而《しか》も疎狂《そきょう》なるべからず

氣象要高曠、而不可疎狂（前集81）

「大きい目標を持て」と言われたことのある人は多いでしょう。もちろん、高い目標に向けて努力することは素晴らしいことです。しかし、それがあまりにも現実離れしていては、そのために何をすべきか分からず、実現に向けて動き出すことができません。

目標を立てる上で大切なのは、達成までのビジョンがきちんと描けること。部署内でトップの営業成績をとって昇進する、毎日1時間ずつ勉強して2年で難関資格を取得する。そんなふうに、達成のためにこれを頑張ろう、と思える目標がいい目標なのです。

日々に活力を与え、やる気を奮い立たせるような目標を立て、仕事に取り組むようにしましょう。

甘い話にだまされない賢さを

分《ぶん》にあらざるの福《さいわい》、故なきの獲《えもの》は、
造物《ぞうもつ》の釣餌《ちょうじ》にあらざれば、即《すなわ》ち人世《じんせ》の機阱《きせい》なり

非分之福、無故之獲、非造物之釣餌、即人世之機阱（後集127）

楽して儲かる、食べるだけで痩せる、聞いているだけで覚えられる……。世の中は、そんな「うまい話」にあふれています。しかし、その実態はどれも商品の売り文句に過ぎません。お金をだまし取るために、「うまい話」で他人に近づいていく人もいます。

何かを得るためには、お金や時間、努力、忍耐など、相応の対価を払わなければいけません。そして、自分の何かを犠牲にして手に入れるからこそ、得たものにはあなただけの価値が生まれるのです。

それを胸に刻み込んでおけば、うまい話に飛びついて痛い目をみることもないでしょう。

調子の良い時にこそ、つらい日々のことを考えよ

富貴《ふうき》の地に処《しょ》しては、貧賤《ひんせん》の痛癢《つうよう》を知らんことを要す。少壮《しょうそう》の時に当たりては、須《すべか》らく衰老《すいろう》の辛酸《しんさん》を念《おも》うべし

處富貴之地、要知貧賤的痛癢。當少壯之時、須念衰老的辛酸（前集184）

人は一度贅沢を覚えると、それまでの生活にはなかなか戻れなくなってしまいます。仕事でも、調子が良くて何をやってもうまくいくような時には、それまでの苦労を忘れがちです。

しかし、調子の良い時こそ、つらかった日のことを思い出しましょう。そうすることで、自らを浮き足立たないように戒めるだけでなく、リスクを少なくする目線が生まれたり、周りで苦しんでいる仲間に手を差し伸べたりできるようになります。

そして、その心がけは、あなたがまた壁にぶち当たった時にも、慌てずに状況を冷静に見つめ、解決に向かうための大きな力となるのです。

成功の秘訣は、心の余裕

性燥《せいそう》に心粗《そ》なる者は、一事も成ることなし

性燥心粗者、一事無成（前集206）

いつもせかせかしていて、口癖のように「忙しい」と言う人がいます。心の状態に余裕がないと、大きなチャンスも見逃してしまいます。どんな時も悠然と構えていられるよう、心を整えておきましょう。

見通しの立たないことは潔くやめる決断を

人《ひと》肯《あえ》て当下《とうか》に休《きゅう》せば、便《すなわ》ち当下《とうか》に了《りょう》せん

人肯當下休、便當下了（後集15）

自分がリーダーとなって準備してきたプロジェクトが、思わぬ事態によって継続が困難になることもあります。そんな時、「せっかくここまで準備したんだから」「途中で諦めたと思われたくない」という気持ちが湧き上がってくることもあるでしょう。

「一度決めたことは最後までやり遂げる」という心がけは立派ですが、そこに執着するあまり状況をますます悪化させたり、損害を生み出しては意味がありません。

時には、やめる決断も必要です。先の見えないものには見切りをつけ、別の仕事で成果を出すことに切り替えましょう。「やめる」という選択肢があることを、常に忘れずにおきましょう。

失敗に無縁の人ほど、挫折に弱い

白沙《はくさ》云《い》う、「人と為《な》り多病なるは未《いま》だ羞《は》ずるに足らず、一生病《やまい》なきはこれ吾が憂なり」

白沙云、爲人多病未足羞、一生無病是吾憂（前集77）

学生時代に負け知らずで、大きな期待を受けてプロとなったスポーツ選手が、最初の試合でコテンパンにやられ、そのままパッとした成績を残せず引退……という話をしばしば耳にします。

負けたことがないという事実は圧倒的な強さを感じさせますが、反対に言えば、負けて立ち直った経験がないということ。人は、失敗から学んで成長するものです。仕事でも、ミスをして初めてそのフォローの方法を知ります。小さなミスを経験しないまま大きな仕事を任されれば、そこでの失敗は大崩れにつながるでしょう。

失敗という経験は、あなたの将来の大切な財産となります。失敗したら、前向きにその改善方法を考えていきましょう。

調子の良い時ほど、謙虚さを忘れずに

盛衰《せいすい》、何《なん》ぞ常《つね》あらん、強弱《きょうじゃく》、安《いず》くにか在《あ》る

盛衰何常、強弱安在（後集69）

一昔前まで業界でもトップクラスの業績をあげていた企業が買収されたり、一世を風靡した芸能人がぱったりとテレビに姿を見せなくなったりということは珍しくありません。
どんなに勢いのあるものでも、その勢いは長くは続かないもの。調子の良い時こそ謙虚に、自分を見失わないようにしましょう。そうすれば、勢いが衰えた時にも冷静に自分のすべきことを見つめ、次のチャンスに向けて力を蓄えることができるのです。

COLUMN 1
菜根譚について

「菜根」とは、野菜の根のことです。「譚」は「談」と同じ意味です。『菜根譚』とは文字通り訳せば、「野菜の根の話」となります。蔬食《そしょく》とか、菜食《さいしょく》という言葉もあり、野菜を食べるとは粗末な食事を意味しています。

宋《そう》の時代、12世紀に朱子が編集した若者の修養のための書物『小学』に出てくるのが、汪信民《おうしんみん》が言ったことの言葉です。「人は常に菜根を噛み味わって生きるならば、世の中の何事でも成し遂げられる」。この言葉を借りて、書物の名としたのです。

『菜根譚』は、前集二二二条、後集一三五条、合計三五七条の短い文章で構成されています。前集は人との付き合い、世渡りの道について主に述べ、後集は自然の中に生きる楽しさに触れることが多くみられます。

それらを通じて語られているのは、日常の質素な生活にこそ、味わい深い趣があるということです。

第2章　一流の立ち振る舞いに学ぶ

本当の大物は、常に控えめ

醲《じょう》肥《ひ》辛甘《しんかん》は真味《しんみ》にあらず、真味は只《た》だ是《こ》れ淡《たん》なり

醲肥辛甘非眞味、眞味只是淡（前集７）

本当に美味しいものというのは、調味料でごまかされていない薄味なものです。人間もそれと同じ。器の大きい人とは、人目につく派手な振る舞いはせず、どこにでもいるような平凡な人なのです。

余計なものにとらわれない

心境は月池《げっち》の色を浸《ひた》すが如《ごと》く、空《くう》にして着《ちゃく》せざれば、則《すなわ》ち物《ぶつ》我《が》両《りょう》つながら忘る

心境如月池浸色、空而不着、則物我兩忘（後集121）

会社の勤務評定や取引先からの評判など、自分の評価が気になるのはビジネスマンとして当然のことでしょう。しかし、常に評価を気にしていては、心が疲れてしまいます。

『菜根譚』は、「心を思い煩わす雑念は、月が池に影を映すのに似ている。月影はその場限りで実体のないもの。心を空《くう》にしてそこにあるものと思わなければ、執着することはない」と教えています。心を無にして、物や欲望などに執着しなければ、自我をはじめ、すべてのものから自由になれると説いているのです。

人の評価など、余計なことを気にしすぎないようにしましょう。目の前の仕事に集中しましょう。それが真の評価につながるのです。

傲慢な態度は強さではなく、弱さのしるし

矜高倨傲《きょうこうきょごう》は、客気《かっき》にあらざるはなし。
客気を降伏し得下《えくだ》して、而《しか》る後《のち》に正気《しょうき》は伸《の》ぶ

矜高倨傲、無非客氣。降伏得客氣下、而後正氣伸（前集25）

会社でアルバイトなど弱い立場の人に威張ったり、つらく当たる人はいるものです。そういう人に限って、上司には打って変わってペコペコと頭を下げていたりします。

「誇り高ぶったり、他を見下して威張るのは空元気に過ぎず、その空元気を押さえつけてこそ、真の元気が伸びてくる」といいます。その後に、「情欲や打算的な知恵は、すべて妄心によるもの。この妄心を完全に消して初めて真心が表れる」とも『菜根譚』は教えています。

誰しも、激情に駆られることはあります。しかし、それを抑え、真の心のエネルギーに変えること。それが大切なのです。

おおらかで広い心を持てば、世界も穏やかなものになる

此《こ》の心常に放ち得て寛平《かんぺい》ならば、天下自ら険側《けんそく》の人情なし

此心常放得寛平、天下自無険側之人情（前集97）

揉め事があるとすぐに「自分は悪くない」と言って誰かのせいにする人がいます。そういう人は、周囲がすべて自分の敵に見えるのでしょう。
反対に、「皆さん親切だ」と言う人は、その人自身が笑顔でいつも他人に親切にしているもの。つまり、世間は自分の人間性を映す鏡なのです。
自分の心を広く平らかにすれば、世の中のとげとげしさも自然となくなります。ストレスをためずに心安らかに生きようと思うなら、世間に求めるのではなく、まずは自分がそうなりましょう。

気転を利かせられれば、どんな難事も軽やかに乗り越えられる

世を渉《わた》るに、段《だん》の円活《えんかつ》の機趣《きしゅ》なければ、
便《すなわ》ちこれ個の木人《ぼくじん》にして処々《しょしょ》に碍《さわり》あり

渉世、無段圓活機趣、便是個木人、處處有碍（前集１４９）

「学閥」という言葉もあるように、会社や組織によっては「どこの大学を出たか」という学歴を重要視します。

しかし、必ずしも一流大学出身者ばかりが出世するわけではありません。社会に出れば、学歴よりもその人の仕事ぶり、気転、人間的な誠実さなどが評価の対象となってきます。

『菜根譚』では、「世を渡るためには、ほどよく如才《じょさい》のない気転がなければ、まったく木人（でく人形）と同じであり、どこに行っても障害に突き当たる」と気転の重要性を教えています。

気転とは、状況に応じて適切に判断できる心の機敏さ。常に頭を柔らかくして、気転を利かせることを心がけましょう。

謙虚さもほどほどが良い

譲《じょう》は懿行《いこう》なり。過ぐれば則《すなわ》ち足恭《すうきょう》と為《な》り、曲謹《きょくきん》と為《な》りて、多くは機心《きしん》に出づ

譲懿行也。過則為足恭、為曲謹、多出機心（前集198）

細い道で人とすれ違う時、「お先にどうぞ」と通されたら、気分がいいものです。丁寧にお礼を言うのではないでしょうか。

日本には「謙譲の美徳」という言葉があり、相手に譲ること、自分を低めて、相手を高めることを良しとします。ただ、あまりにもへりくだった態度を取られたり、過剰なお世辞などを言われると何だか気味が悪くなるもの。「今日は何だかやけに持ち上げるなあ」と思ったら、借金の相談をされたという人もいます。

この言葉は、「謙譲は良い行為だが、度を越すとばか丁寧になり、慎み過ぎで卑屈になる。その多くは魂胆のある心から出ている」という意味です。謙虚なのも、ほどほどが良さそうです。

真に優れた人は、人からの賞賛や評価にこだわらない

真廉《しんれん》は廉名《れんめい》なし。名を立つる者は、正《まさ》に貪《たん》となす所以《ゆえん》なり

眞廉無廉名。立名者、正所以爲貪（前集62）

高級腕時計などの持ち物をやたらと自慢する人がいます。話を聞いた相手は、「すごいですね」と言いながらも、内心はおもしろくないかもしれません。妬みを買っている可能性すらあります。

奥ゆかしい人は、高級品を自慢したり、見せびらかしたりするようなことはありません。人間性も同じ。本当に清廉潔白な人には、「清い」という評判は立ちません。そのような評判が立つ人は、欲望の心が残っていてそれを利用したい人です。

また、『菜根譚』は、「巧妙な術を真に体得した者には、巧妙な術などは見られない。巧妙な術を用いる人は、それが板についていない素人である」とも。一流の人は自信があるから寡黙なのです。

与える物がなくても言葉で人を救える

士君子は貧《ひん》にして物を済《すく》うこと能《あた》わざる者なるも、人の癡迷《ちめい》の処《ところ》に遇《あ》いては、一言を出だしてこれを提醒《ていせい》す

士君子貧不能濟物者。遇人癡迷處、出一言提醒之（前集１４２）

人を救うのは、物やお金ではありません。言葉にはものすごい力があり、失意に沈む人の心を照らし、救うことができるのです。迷いや悩みを抱えている人には、やさしく力強い言葉で励ましてあげましょう。

地位の高さと人格の高さは別物

士夫《しふ》も徒《いたずら》に権《けん》を貪《むさぼ》り寵《ちょう》を市《う》らば、竟《つい》に有爵《ゆうしゃく》的の乞人《きつじん》となる

士夫徒貪權市寵、竟成有爵的乞人（前集93）

世間から見て、立派な地位や職業に就いている人でも、地位と人格が比例するとは限りません。「立派な人かと期待して会ったが、ひどい人だった」という経験をした人も多いことでしょう。

「庶民でも自ら進んで立派な行いをし、人に恵みを施すのであれば、それは地位のない総理大臣のようなものである。これに対して、高い地位にありながら権勢を貪り、人に恩を売るのであれば、これはもう爵位のある乞食と同じである」と『菜根譚』は言っています。

生まれや地位とは関係なく、社会貢献を行うことが大切だと説いているのです。

侮りに反応しない人が一番強い

人の詐《いつわり》を覚《さと》るも、言《げん》に形《あら》わさず。
人の侮《あなどり》を受くるも、色《いろ》に動《うご》かさず

覺人之詐、不形於言。受人之侮、不動於色（前集１２６）

誰しも、他人から軽く扱われれば傷付き、怒りの感情を覚えます。怒りをあらわにして関係に悪影響を及ぼすこともあるでしょう。

しかし、『菜根譚』には、「人が自分を騙そうとしていることがわかっても、口に出してとがめない。人が自分を侮り、馬鹿にしても顔色は変えない」という教えがあります。

そして、「これができる態度の中には限りない味わいがあり、また、計り知れない効用がある」という言葉が続きます。確かに、人が自分を蔑む言葉を言った時、眉ひとつ動かさなければ、相手はどれだけ拍子抜けするでしょう。人の言動に反応しないことも、ひとつの強さになるのです。

「素直さ」こそ成功の一番の条件

功《こう》を建《た》て業《ぎょう》を立《た》つる者《もの》は、多くは虚円《きょえん》の士《し》なり

建功立業者、多虚圓之士（前集194）

大事業を成し遂げたり、成功する人の条件は、素直でしつこくなく、屈託のない人です。失敗する人は、偏屈で執念深い人。常に心を素直にやわらかく保つことが、成功の秘訣といえます。

自然体でいられる場所でこそ、力を存分に発揮できる

魚《うお》は水《みず》を得《え》て逝《ゆ》いて、水に相忘《あいわす》れ、
鳥は風に乗じて飛んで、風あるを知らず

魚得水逝、而相忘乎水、鳥乗風飛、而不知有風（後集68）

魚は水中を泳ぎ、鳥は空を飛びます。

ごく当たり前の事ですが、魚は水を出たら生きられませんし、鳥も水に潜ったら死んでしまいます。生きていくために、ふさわしい場所があるのです。

この言葉は、「魚は水を得て自由に泳ぎ回ることができる。でも、水の存在は忘れている。鳥は風に乗って飛ぶことができるが、風のあることを忘れている」と教えています。

これは人間も同じことです。世の中を自由に泳ぎ回り、飛び回る。それでいながら、世間のことを忘れることができれば、世間の煩わしさを超えて、自分の力を存分に発揮できるのです。

ほどほどを保つバランス感覚を大切に

人生太《はなは》だ間《かん》なれば、則《すなわ》ち別念竊《べつねんひそか》に生じ、
太だ忙《ぼう》なれば、則ち真性《しんせい》現われず

人生太閒、則別念竊生、太忙、則眞性不現（後集１１８）

あまりに忙しすぎる生活は考えものですが、暇すぎる生活も気持ちに張りがなく、つまらないものです。

「忙しい」という字は、「心を亡くす」と書きます。忙しい人というのは仕事ができるため、信頼されて仕事が集中していることが多いものです。ただ、休みも取れないような状態が続くと、その人本来のよい性質があらわれにくくなります。

反対に、あまりに暇だと、つまらない考えが浮かんできます。

君子たる者、心身を労して精進する気持ちを持たないといけないが、風流を楽しむ余裕も必要だという教えです。「ほどほど」を保つ柔軟性を大切にしましょう。

去り際が美しい人は心も美しい

笙歌正《しょうかまさ》に濃《こま》やかなる処《ところ》、便《すなわ》ち自《みず》から衣《ころも》を払って長《とお》く往《ゆ》き、達人《たつじん》の手を懸崖《けんがい》に撒《さっ》するを羨《うらや》む

笙歌正濃處、便自拂衣長往、羨達人撒手懸崕（後集１０４）

人は去り際が大事です。

『菜根譚』では、「音楽や歌声が盛んで宴がたけなわの時、自分から席を立ち、振り返りもせず帰ってゆく様子は、まるで手放しで絶壁の上を歩いているようだ。全く羨ましい」といっています。

楽しい宴席であるほど、長くとどまりたいものですが、ほどほどのところで辞去すれば、楽しさの余韻を胸に抱いたまま帰路につくことができます。

そんな大人の楽しみ方を身につけたいものです。

COLUMN 2
洪自誠について

著者である洪自誠《こうじせい》は、生年や没年などの経歴がわかっていません。

ただ、彼が『菜根譚』の出版にあたり、先輩と思われる人物に依頼して書いてもらった序文や他のわずかな資料からみると、彼は明《みん》の終わりに近い万暦年間（1600年頃）の人だった事、本名は応明《おうめい》で、字《あざな》（成人ののち、一人の人間として世間と付き合う時に用いられる名）は、自誠《じせい》であることがわかります。

推測できるのは、彼は当時の士大夫《したいふ》（知識階級）の一人で若い頃から儒教を中心とした学問を修め、役人をしていた事。大した出世はしませんが、官僚の堕落や政争の激しさに嫌気がさし、早々に引退。悠々自適の生活を送った人と思われます。『菜根譚』全体を通じて、権勢や栄華の空しさ、自然に親しむ楽しさが強調されているのは、そのような体験の反映でしょう。

第3章　逆境を乗り越える考え方

困った時こそ初心に戻る

事窮《こときわ》まり勢蹙《せいちぢ》まるの人は、当《まさ》にその初心《しょしん》を原《たず》ぬべし

事窮勢蹙之人、當原其初心（前集30）

「一見、楽に見えた」「うまくいきそうに思えた」仕事ほど、意外なトラブルに見舞われて進退窮まったりするもの。そんなときは無理にもがかず、仕事を志した初心に返り、考え直すといいでしょう。

人からの評価に振り回されない

我貴《われとうと》くして人これを奉《ほう》ずるは、此《こ》の峩冠大帯《がかんだいたい》を奉ずるなり。
我賤《いや》しくして人これを侮《あなど》るは、此の布衣草履《ふいそうり》を侮るなり

我貴而人奉之、奉此峩冠大帯也。我賤而人侮之、侮此布衣草履也（前集１６９）

これは、「身分の高さをあらわす冠や立派な服装などを身につけているると尊敬され、木綿の衣服やわらぐつなどを身につけていると、賤しい身分だと侮られる」という意味です。

人が相手を尊敬したり、蔑む基準となるのは、外側にまとっているものであり、相手の本当の価値を評価して頭を下げたり、侮っているわけではないとも『菜根譚』には書かれています。ある意味、人の評価とはいい加減なもので、一喜一憂する必要はないのです。

現代でも、高価な洋服を着ていたり、立派な肩書きがある人ほど尊敬の対象となります。しかし、その人の人間性の本質をきちんと見ているか、一度自分に問いかけたほうがよさそうです。

苦労を重ねた分だけ喜びも深く味わえる

苦心《くしん》の中《うち》に、常に心を悦《よろこ》ばしむるの趣《おもむき》を得《う》。
得意《とくい》の時に、便《すなわ》ち失意の悲しみを生ず

苦心中、常得悦心之趣。得意時、便生失意之悲（前集58）

「社運を賭けたプロジェクトがうまくいかない」「トラブルがあって納期が間に合わない」など、仕事には苦労がつきものです。「こんなに一生懸命やっているのに」と泣きたい気持ちをこらえ、歯を食いしばっているビジネスマンは多いことでしょう。

でも、仕事は本当につらいだけでしょうか？　難題や苦労のなかでも、ちょっとしたいい事をとてもうれしく感じたり、試行錯誤しながら成長する自分に喜びを感じたりすることもあるはず。苦労が大きいほど、それに比例して、達成したときの喜びは大きくなります。反対に、物事がうまくいっている時には、後はもう失うばかりかもしれません。苦労と喜びは表裏一体なのです。

目標にする人を思えば、やる気や力が湧いてくる

心やや怠荒《たいこう》せば、便《すなわ》ち我より勝《まさ》れるの人を思えば、則《すなわ》ち精神自《せいしんおのず》から奮《ふる》わん

心稍怠荒、便思勝似我的人、則精神自奮（前集２１２）

　どんな人も、思うように生きられる訳ではありません。誰もが羨むような成功者でも、人知れず多くの悩みを抱えているものです。
「思うようにならない」「なぜあの人ばかりが評価されるのか」など、不満がたまる時は、自分より苦しい境遇にいる人の事を考えてください。自分がいかに恵まれているか分かるはずです。
　やる気が起きず怠けたい時は、自分より優れた人の事を思い浮かべてください。「まだまだ頑張れる」という気持ちが湧き上がってきます。

目線を変えて自分を振り返れば、違うものが見えてくる

卑《ひく》きに居《お》りて後《のち》、高きに登るの危きたるを知る

居卑而後、知登高之爲危（前集32）

低い場所にいれば、高い所に登るのがいかに危険な行為かが分かります。暗い場所から明るい場所に出れば、物があからさまに見え過ぎるのもかえっていかがなものかと思えます。

家庭を顧ずに仕事一筋だった男性が、会社の業績不振でリストラに遭いました。仕事をなくし、静かな生活になった彼が気付いたのは、仕事ばかりを追い求めてきた虚しさでした。

もちろん、仕事を一生懸命やったり、評価やお金を求めることは悪いことではありません。しかし、あまりにも過剰にのめりこむと、心の余裕を失います。目の前のものが全てではありません。違う立場から自分を見れば、違うものが見えてくるはずです。

逆境をひっくり返すことにこそ、仕事の醍醐味がある

冷落《れいらく》の処《ところ》に一熱心《いつねっしん》を存《ぞん》すれば、便《すなわ》ち許多《きょた》の真趣味《しんしゅみ》を得《う》

冷落處存一熱心、便得許多眞趣味（後集59）

忙しい、時間がない、食事や睡眠時間を削って仕事をしている……。そんなビジネスマンは多いことでしょう。きれいな花や景色が目の前にあっても、それを味わう心の余裕すらない。しかし、そんな状態で、本当にいい仕事ができるのでしょうか。

どんなに多忙であっても、その忙しさにのぼせ上がらず、どこかで自分を冷静に見ることは大事です。

また、状況が悪くなったり、落ちぶれたときでも力を落とさないで、心に熱い思いを抱いて行動することが重要です。人事異動で左遷されると腐るビジネスマンが多いのですが、左遷された部署で業績を上げて復活する例も多くあります。

苦しい壁を越えることが真の楽しみ

達《たつ》士《し》は心の払《もと》る処《ところ》を以《もっ》て楽《らく》と為《な》し、
終《つい》に苦心の為《ため》に楽を換え得《え》来《き》たる

達士以心拂處爲樂、終爲苦心換得樂來（前集２０１）

心が満足することを「楽しみ」とすると、欲望ばかりがふくらんでかえって苦しくなります。でも、真の生き方を心得た人は、「苦しみに打ち勝つこと」を楽しみとします。苦しみこそが楽しみを生むのです。

「耐える」ことも成功への条件

語《ご》に云《い》う、「山に登りては側路《そくろ》に耐え、雪を踏んでは危橋《ききょう》に耐う」と

語云、登山耐側路、踏雪耐危橋（前集179）

「山に登るときは険しい坂道にも耐えて進み、雪道を行くときは狭い橋を用心して耐えて進め」という『菜根譚』の教えです。今のように道が整備されていない時代です。まさに命がけでないと通れない道も多くあったはずです。忍耐の重要性を教えています。

同じことは人間関係にも当てはまります。自分が不幸な境遇に置かれたとき、世間の見る目が厳しいとき、心に「忍耐」の文字を置き、ひたすら耐えましょう。実際、それができないために、険しい道から転げ落ちたり、穴に落ちる人が多いのです。

逆に耐える強さがあれば、状況が変わった時に道は切り開かれてゆくでしょう。

小さなことにとらわれない

蝸牛角上《かぎゅうかくじょう》に、雌《し》を較《くら》べ雄《ゆう》を論ず、許大《きょだい》の世界ぞ

蝸牛角上、較雌論雄、許大世界（後集13）

「同期が先に課長に出世した」「彼のほうがボーナスが高かったらしい」「なぜ、自分はあのプロジェクトに呼ばれなかったのか」など、ビジネスマンには評価や出世にまつわる多くの悩みが生じます。

しかし、それは世の中全体から見れば、大きな問題ではありません。もし、あなたが病気で「あと数カ月の命」と宣告されたら、それよりも家族の生活など別の心配をするのではないでしょうか。

とはいっても、蝸牛（かたつむり）の角のようなごく狭い世界で勝ち負けを争うのが人間の姿ともいえます。時々は、自分の悩みがちっぽけなものだと意識してみましょう。それだけでも、心がすっと軽くなるはずです。

増やすことだけがすべてじゃない

人生は一分《いちぶ》を減省《げんせい》せば、便《すなわ》ち一分を超脱《ちょうだつ》す

人生減省一分、便超脱一分（後集１３２）

物でもお金でもたくさん持てば、その管理に時間を取られ、あれこれ気を煩わすことが多くなります。不要になった物を少しずつ手放していきましょう。心が軽くなり、自由になります。

物事を始める時は、「終わり」を考えておく

歩を進むるの処《ところ》、便《すなわ》ち歩を退くを思わば、
庶《こいねが》わくは藩《まがき》に触るるの禍《わざわい》を免れん

進歩處、便思退歩、庶免觸藩之禍（後集29）

新しい店が開く時、花などが飾られてとても豪華です。しかし、そんな華々しい門出を迎えた店も、数カ月後にひっそりと閉店していることがあります。おそらく、店主はそのような結末になるとは考えてもいなかったでしょう。

何事も、始める時には、退く時のことを考えておくことが大事です。向こう見ずに走る雄羊は、垣根に角を突っ込んで進むことも退くこともできなくなります。退くことを考えておけば、このような災いは避けられるでしょう。いかに「有終の美」を飾るかは、想像しにくいかもしれません。しかし、考えておきましょう。何にでも必ず「終わり」は来るのだから。

どんな試練にさらされても自分の意志を貫く

天、我に薄《うす》くするに福を以《もっ》てせば、吾《わ》が徳を厚くして以てこれを迓《むか》えん

天薄我以福、吾厚吾徳以迓之（前集90）

吾《われ》、

「天が自分に福を薄くするなら、私は自分の徳を厚くして対抗しよう」という意味です。震災で自分の家が全壊しているのに、他の被災者のために救助やボランティアをしている人がいました。その人はまさにこの言葉のようです。

この言葉の後には、「天が自分の肉体を苦しめるなら、私は自分の精神を楽にして補おう。天が自分の境遇を行き詰まらせるのなら、自分はわが道を貫き通すようにしよう。そうすれば、天といえども自分をどうすることもできないであろう」と続きます。

「天」という最も抵抗しがたいものがどんな試練を課しても、自分にできることを行い、信念や意志を貫きましょう。

苦しんで得たものこそ、本物

一苦一楽《いっくいちらく》、相磨練《あいまれん》し、練極《れんきわ》まりて福を成すものは、
その福始めて久し

一苦一樂相磨練、練極而成福者、其福始久（前集74）

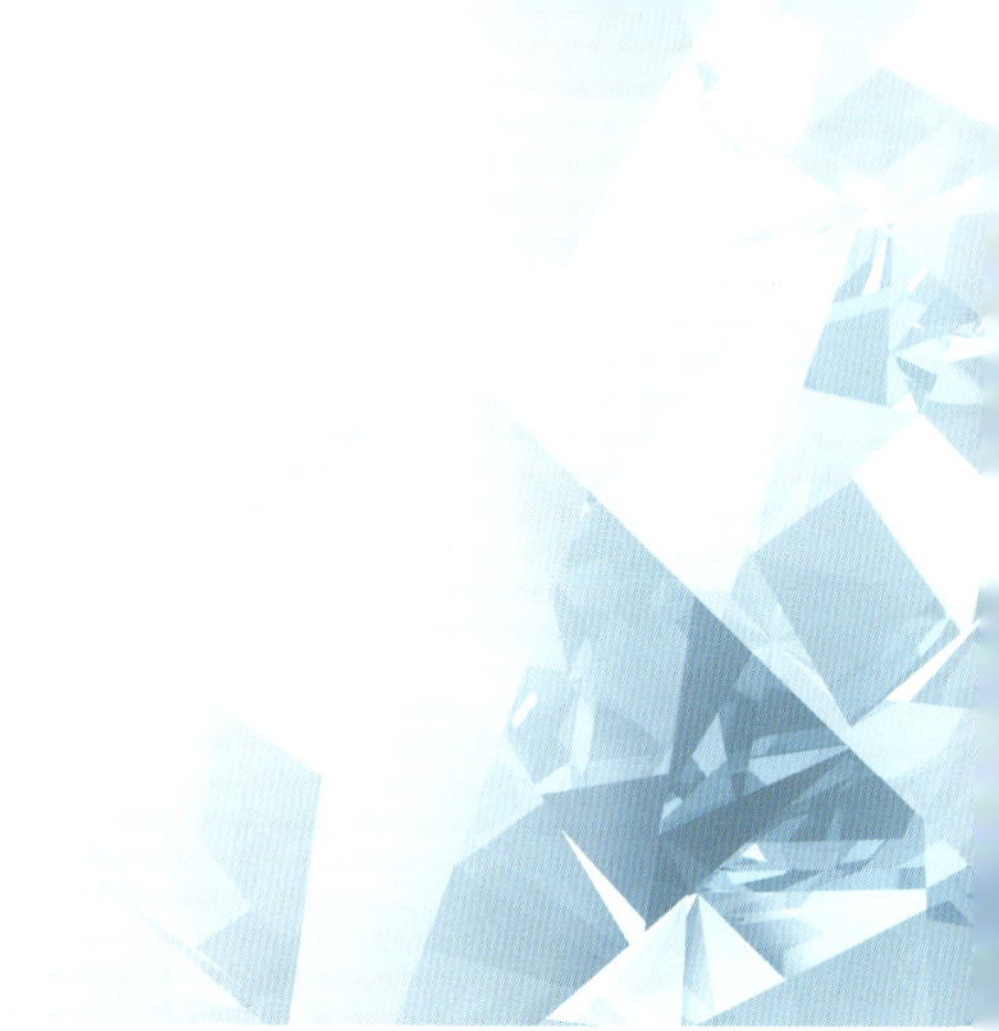

「楽しいこと」や「速いこと」がもてはやされる時代。苦しいことや時間がかかることは、敬遠されがちです。

しかし、苦しんだり、楽しんだりしながら時間をかけて得たものこそ、価値がある本物なのです。有名な料理人は苦労して修行した人が多いもの。そんな料理人の店には、多くの人が訪れます。

知識も同様です。インターネットでお手軽に調べますが、すぐに得られる知識は浅いもの。本を読み込んで得た知識の深さにはかなわないのです。

COLUMN 3
蝸牛角上の争い

92ページに、『蝸牛角上《かぎゅうかくじょう》に、雌《し》を較《くら》べ雄《ゆう》を論ず、許大《きょだい》の世界ぞ』という言葉を紹介しています。これは戦国時代の思想家・荘子の次の話に基づいています。

賢者の戴晋人《たいしんじん》は、戦争をしようとしている魏《ぎ》国の王に語ります。「蝸《か》(かたつむり）の左の角のうえに触氏《しょくし》という国があり、右の角に蛮氏《ばんし》の国がある。両国は戦い、戦死者数万人、敗北した敵を15日追撃して引き上げた」と。「そんな話は嘘だ」という王に戴晋人は言います。「無限の広大な世界から見ると、王の国などあるか無いかのようなもの。その国の中に都があり、その中に王はいる。王と蛮氏の間に違いはありますか」と。

荘子は巧みな比喩で人々を説得します。洪自誠はそれを使い権力や財力に血眼になる虚しさを説きました。『菜根譚』には、このような古典の言葉を利用した例が多くあります。

第4章　社会を生き抜く人付き合い

「人のため」は結果的に自分に返ってくる

人を利するは実に己《おのれ》を利するの根基《こんき》なり

利人實利己的根基（前集17）

自分が先を急いでいる時でも、周りを思いやり、他人に譲ることを心がけましょう。そのような考え方や態度があなたの人格を高め、周りが助けてくれるようになります。

人に譲る気持ちが自分を助ける

径路《けいろ》の窄《せま》き処《ところ》は、一歩を留めて人の行くに与え、
滋味の濃《こま》やかなる的《もの》は、三分《ぶ》を減じて人の嗜《たしな》むに譲る

徑路窄處、留一歩與人行、滋味濃的、減三分讓人嗜（前集13）

他人を押しのけるように、エレベーターや電車に乗り込もうとする人がいます。はたで見ていても、あまり感じのいいものではありません。

そんな人に教えたいのが、この言葉です。「狭い小道を行く時は、まず自分が一歩を止めて、他人を先に行かせなさい。おいしい食べ物は、自分の分を3分がた減らして、相手に譲り、十分に食べさせてあげなさい」というものです。

このような心がけは世を渡る処世術の基本であり、自分が楽に生きられる方法です。人間関係はお互いが自分を主張すれば、ぶつかるだけです。自らが一歩引くことで、心が通いやすくなります。

人の失敗や秘密に目をつぶる寛容さを

人の小過《しょうか》を責めず、人の陰私《いんし》を発《あば》かず、人の旧悪《きゅうあく》を念《おも》わず

不責人小過、不發人陰私、不念人舊悪（前集１０５）

どんな人でも、失敗はします。今は一人前の人でも、新人の頃は何らかの失敗をして、上司にかばってもらった経験があるはず。

人は失敗すると震え上がり、迷惑をかけた相手に「本当に申し訳ない」と思うものです。それとともに、その記憶を「忘れたい」、相手にも「できれば忘れてほしい」と思います。

『菜根譚』は、「小さな失敗で相手を責めない、相手が隠しておきたい秘密を暴きたてない、人の過去の悪事をいつまでも覚えていたり、蒸し返さない」と説きます。「この3つを行うことで徳が備わり、人の恨みを買うような事がさけられる」とも。人の失敗や弱みには触れず、時にはそっと見逃すことも必要です。

自分の苦しみには耐え、人の苦しみには手を差し伸べる

己の困辱《こんじょく》は当《まさ》に忍ぶべきも、而《しか》も人に在《あ》りては則《すなわ》ち忍ぶべからず

己之困辱當忍、而在人則不可忍（前集１６５）

よく「自分に厳しく、他人に優しく」といわれますが、現実にはこの反対の事をしている人が多いような気がします。

「他人の過ちは許すこと、しかし、自分の過ちは許してはならない」と『菜根譚』も述べています。その後に、「自分のつらい事や辱めは耐え忍ぶべきだが、他人のつらいことは黙って見ていてはいけない」と続きます。

困っている人がいたら、声をかけ、手を差し伸べる姿勢を持ちたいものです。

不要なことは聞き流すのが得策

人情を会《え》し尽くせば、牛と呼び馬と喚《よ》ぶに随教《ずいきょう》して、只《た》だ是《これ》点頭《てんとう》するのみ

會盡人情、隨教呼牛喚馬、只是點頭（後集81）

ビジネスマンのなかには、ライバルがいる人も多いことでしょう。社内の人間であったり、他の会社などさまざまだと思います。相手によってはあなたを蹴落とすため、いわれのない批判や罵声を浴びせてくることもあるかも知れません。

そんなときは聞き流すことも一つの方法です。『菜根譚』では、「人情というものをすっかり知り尽くせば、牛と言われても馬と言われても勝手に言わせておき、腹を立てることもない。ただ、はいはいとうなずいておけばよい」と教えています。

まともに反撃すれば相手とぶつかり、自分が傷を負う可能性もあります。聞き流した人を周囲は、「偉い」と思うものです。

実体のない噂に判断を委ねない

悪を聞いては、就《すなわ》ち悪《にく》むべからず、
恐らくは讒夫《ざんぷ》の怒りを洩《も》らすを為《な》さん

聞悪、不可就悪、恐爲讒夫洩怒（前集２０５）

誰しも「感じのいい人」には好感を持ちます。例えば、笑顔を絶やさず、温厚で腰の低い人は高く評価されるものです。

しかし、その態度が本当にその人の人間性からくるものなのか、何かの下心によるものなのか、常に「見極める目」が必要です。

また、人に関する悪い噂が流れれば、その人の印象が変わるかもしれません。しかし、『菜根譚』は、「人に関する悪い噂を聞いても、すぐにそうと決めつけてはいけない。誰かが自分の怒りを晴らすため、ないことをあるように言っているのかもしれない」と教えています。いい噂のある人も同じように、「立身出世のためにしたことかもしれない」と噂を鵜呑みにすることを戒めています。

どんな人も大らかに受け入れる心を

人に与《くみ》するは、太《はなは》だ分明なるべからず。
一切の善悪賢愚をも、包容し得んことを要す

與人、不可太分明。一切善悪賢愚、要包容得（前集１８５）

世の中には様々な人がおり、善人、悪人、賢者、愚者……。欠点のない人はいません。人付き合いにおいては、あまり神経質にならず、どんな人でも受け入れることが多くの人とうまく付き合うコツです。

人のミスは、感情をはさまずに諭す

家人、過《あやまち》あらば、宜《よろ》しく暴怒《ぼうど》すべからず、宜しく軽棄《けいき》すべからず。
此《こ》の事言い難《がた》くば、他の事を借りて隠《いん》にこれを諷《ふう》せよ

家人有過、不宜暴怒、不宜輕棄。此事難言、借他事隱諷之（前集96）

部下がミスをすると、かっと頭に血がのぼり、怒鳴り散らしたい気持ちになることもあるでしょう。金額的に大きな損失につながるようなミスであれば、なおさらです。

『菜根譚』のこの言葉は、家族の過ちにどう対応すべきかを教えています。「家族が失敗した場合、むやみに怒ってはいけない、また軽く見て放っておくのもいけない。もし、口に出して言いにくいのなら、ほかの事にかこつけて諫《いさ》めなさい」と。

この後に「今日、気が付かなければ、他の日を待って諭しなさい」という言葉が続きます。部下でも同じように、感情をぶつけずに指摘することが大事だといえます。

心が狭い相手には近づかないのが大人の知恵

悻々《こうこう》自《みずか》ら好《よ》しとするの人を見れば、応《まさ》に須《すべか》らく口を防ぐべし

見悻悻自好之人、應須防口（前集１２２）

幅広い交友関係は理想ですが、誰にでも近づけばいいというものではありません。やはり、「近づいてはいけない人」というのが存在します。

『菜根譚』は、「心が狭く怒りっぽく、自分は正しいと思っている人とは、口をきいてはいけない」と説いています。

心の狭い人には、自分の発言を誤解されたり、軽々しく外に言いふらされる可能性があります。余計なトラブルに巻き込まれることもあるかもしれません。災厄を避けるため、ピリピリしている人には、極力、近づかないようにしましょう。それも良好な人間関係を築くひとつの知恵なのです。

第一印象より中身のほうが大事

恩は宜《よろ》しく淡《たん》よりして濃《のう》なるべし。
濃を先にし淡を後にすれば、人はその恵《めぐみ》を忘る
恩宜自淡而濃。先濃後淡者、人忘其惠（前集１６７）

採用面接で印象の良かった学生を入社させたら、意外にぱっとしなかったという話はよくあります。最初の印象が良すぎて、実際の姿との落差が大きくなってしまったのでしょう。

何事も最初の印象が良すぎるのは考えものです。『菜根譚』は、「人に恩恵を施すときは最初は薄く、のちに手厚くするのが良い。最初が手厚く、のちに薄くすれば、人はその恩恵を忘れてしまう」と説いています。

自分を良く見せようとして、飾った自分で初対面の人に接しても、必ずその仮面ははがれます。多少、第一印象を犠牲にしても、無理のない自分で接するほうが、長く続く関係を作れるのです。

偏った判断に気をつけ、正しいものを見極める

偏信《へんしん》して奸《かん》の欺《あざむ》くところと為《な》ることなかれ、
自任《じにん》して気の使うところと為ることなかれ

毋偏信而爲奸所欺、毋自任而爲氣所使（前集１２０）

現代は情報が多く便利ですが、その分、何を信じるかの選択を常に迫られています。そんな中で人は自分に都合のいい事だけを見たり、言ったりしがちです。

それに対し、「一方だけを信用して、悪い人間に騙されてはいけない。自信過剰になり、勇み足になってはいけない」と『菜根譚』は説いています。

常に一歩引いて冷静な目で物事を考えたいものです。それを心がければ、本当に正しいものを見極める目が養われていきます。

器の小さい相手には、見切りをつける勇気も必要

小人《しょうじん》と仇讐《きゅうしゅう》することを休《や》めよ。小人は自《おのず》から対頭《たいとう》あり

休與小人仇讐。小人自有對頭（前集１８６）

小さな事をあげつらい、文句ばかり言うタイプの人がいます。そのような人と関わったら、時間もエネルギーも消耗するばかりです。本当に心底から疲れてしまうでしょう。

『菜根譚』では、「つまらない人間を相手にして憎み合うのはやめなさい。つまらない人にはそれなりの相手がいるものである」と説いています。この後、「立派な君子にこびへつらい、取り入ろうとするのはやめなさい。立派な人はえこひいきなどしてくれません」という言葉が続きます。

立派な人から見れば、取り入ろうとする人は、さっさと見切りをつけたいもの。自分がそうならないよう気をつけましょう。

相手のレベルに合わせた対応で成果につなげる

人を教うるに善を以《もっ》てするは、高きに過ぐることなかれ、
当《まさ》にそれをして従うべからしむべし

教人以善、毋過高、當使其可従（前集23）

あなたが仕事の説明をするとき、相手がベテランか新人社員かで説明の仕方を変えていると思います。相手の経験値や理解力に合わせた話し方をしていることでしょう。

『菜根譚』では、「人に善いことをさせようとするとき、あまり目標を高く置きすぎてはいけない。その人が行える程度を考えて実行させないといけない」といっています。

相手に伝わらない言葉が無意味なのと同様、到底、到達できないような高い目標を部下に与えることは逆効果です。挫折を招くだけでなく、やる気を削いでしまうかもしれません。部下に仕事を頼む時は相手のレベルを踏まえるようにしましょう。

人の心をつかむには丹念に時間をかけて

語に云《い》う、猛獣は伏《ふく》し易《やす》く、人心は降《くだ》し難《がた》し

語云、猛獣易伏、人心難降（後集65）

部下の人心掌握に苦心している上司は多いでしょう。『菜根譚』でも、人の心を屈服させることの難しさを説いています。人の心をつかむには、じっくり時間をかけて厚い人間関係を築いていくしかないのです。

COLUMN 4

明という時代

著者である洪自誠が生きたのは、1368年から1661年までほぼ三百年続いた明王朝《みんおうちょう》の時代です。

この時代の特徴はいくつかありますが、とりわけ目につくのが宦官《かんがん》の専横とそれに伴う政治の乱れです。

宦官とは去勢され、宮中の大奥に仕える男性のこと。彼らは天子に近づき、政治に横槍を入れ、一般官僚との間に対立が起こります。官僚にも宦官と手を組む党派もあり、官僚間の抗争も激しくなります。この時代はとくに官吏の堕落が激しく、庶民から搾取をする者が多くいました。

官僚のなかには宦官に対抗して、清潔な政治をしようとするグループもありました。宦官は秘密警察を作り、それらの人々を弾圧します。そのような状況に耐えきれず、官界に見切りをつけ、市井《しせい》の一市民として暮らそうとする人々がいました。洪自誠もその一人でしょう。

第5章　自分を成長させる

もがき苦しんでいることが成長の証

逆境《ぎゃっきょう》の中《うち》に居《お》らば、周身《しゅうしん》、皆鍼砭薬石《みなしんぺんやくせき》にして、
節《せつ》を砥《と》ぎ行《こう》を礪《みが》きて、而《しか》も覚《さと》らず

居逆境中、周身皆鍼砭薬石、砥節礪行、而不覺（前集99）

苦難は誰もが避けたいものですが、心や行動が磨かれるのはそんな中で試行錯誤し、もがき苦しんでいる時なのです。逆境こそ成長の好機ととらえ、自分に活かしていきましょう。

耳の痛い言葉が、成長の糧になる

耳中《じちゅう》、常に耳に逆《さか》うの言《げん》を聞き、心中、常に心に払《もと》るの事ありて、
纔《わずか》に是《こ》れ徳に進み行《おこない》を修むるの砥石《しせき》なり

耳中常聞逆耳之言、心中常有拂心之事、纔是進德修行的砥石（前集5）

誰でも、けなされれば腹が立つものです。特に欠点を指摘されたときは、それが本当の事であるほど、おもしろくないものです。

ただ、今まであなたに厳しい事を言った人の事を思い出してください。本当に厳しいだけの人でしたか。その人のおかげで、自分が仕事や人間性の面で成長したのではないでしょうか。

『菜根譚』は、「耳に痛い批判や思い通りにならない事は、自分を磨く砥石《といし》となる」と教えています。この後に「耳が喜ぶ話ばかり聞かされ、すべての事が思い通りになる環境は、人生を毒に沈めるようなものだ」と説いています。自分を成長させるため、耳の痛い話を受け入れる強さを持ちましょう。

今いる日常こそ、最高の修行の場

出世の道は、即《すなわ》ち世を渉《わた》るの中《うち》に在り、
必ずしも人を絶ちて以《もっ》て世を逃れず

出世之道、即在渉世中、不必絶人以逃世（後集41）

修行といえば、山にこもり、世間との交わりを一切絶って行うイメージがあります。しかし、『菜根譚』はそうは教えていません。「迷いから抜け出す方法は、俗世間の中にある。必ずしも人付き合いを絶ち、山にこもる必要はない」と言っているのです。

組織に属するビジネスマンであれば、砂を噛むような思いで仕事をしている人も多いはず。上司からの小言、部下の突き上げ、取引先の理不尽な要求など。仕事が終わり、家に帰れば家庭の問題もあり、気の休まる場所がない人もいることでしょう。

でも、その中で生きることこそが「成長する」ということ。毎日が心の筋トレであり、現実世界が修行の場なのです。

成功に対する執着を手放す

成の必ず敗《やぶ》るるを知れば、則《すなわ》ち成を求むるの心は、
必ずしも太《はなは》だ堅《かた》からず

知成之必敗、則求成之心、不必太堅（後集62）

出世、名声、お金……。若いときはこれらを成功のシンボルとして求めがちです。

しかし『菜根譚』は「成功すれば、必ず失敗する。この道理を知っていれば、成功することに熱心にはならないだろう」と説いています。

成功には失敗が付き物。成功ばかり追求すると、いつか行き詰まってしまいます。成功というゴールに執着するのではなく、そのプロセスを楽しみ、ときには仕事に無関係なことにも目を向けることが、心を豊かにしてくれるでしょう。

学んだことを実践することが大事

書を読みて聖賢を見ざれば、鉛槧《えんざん》の傭《よう》となる

讀書不見聖賢、爲鉛槧傭（前集56）

「古人《こじん》の本を読んでいながら、聖賢《せいけん》の精神に触れなかったのならば、たんなる文字の奴隷に過ぎない」という意味の言葉です。

本を読んでもその深い心を理解できなければ、「ただ文字を読んだだけ」で終わってしまいます。「学んだつもり」になっただけで、ただの時間の無駄だということです。

そもそも、何のために学ぼうと思ったのか、思い出してみましょう。仕事に活かす、良い人間関係を築く、視野を広げる……もともとは、目的があって学び始めたはずです。それを再度意識することで、あなたの学びに深みが生まれ、その先の学ぶ姿勢もさらに生き生きとしたものになるでしょう。

自分の力で努力を重ねることで、力は磨かれていく

磨礪《まれい》は当《まさ》に百煉《れん》の金《きん》の如《ごと》くすべし。急就《きゅうしゅう》の者は邃養《すいよう》にあらず

磨礪當如百煉之金、急就者非邃養（前集１８８）

年配のビジネスマンが若い社員を評して、「自分の頭で考えず、すぐに楽な答えを知りたがる傾向がある」と言っていました。

『菜根譚』は、「自分を鍛えるときは、金属を練り鍛えるようにじっくりと時間をかけなさい。時間をかけず、手っ取り早くでは深い修養は得られない」と説いています。

時間をかけて鍛えた金属は強く、丈夫になります。ちょっとやそっとの力には負けません。

同じように、問題に直面した時に解決策を自分で調べ、考え抜けば、それはあなたの力となって定着するでしょう。時間をかけて強くしないといけないのは、物も人間も同じなのです。

人の真価は最後に決まる

語《ご》に云う、「人を看《み》るには只《た》だ後の半截《はんせつ》を看《み》よ」と。真に名言なり

語云看人只看後半截。眞名言也（前集92）

これまでの人生で失敗や悔いを感じていたことでも、挽回のチャンスはまだあります。人の真価は人生の後半で決まるもの。これから全力で生きることで、あなたはどこまでも成長していけるのです。

清濁併せ呑む度量を

地の穢《けが》れたるものは多く物を生じ、水の清《す》めるものは常に魚なし

地之穢者多生物、水之清者常無魚（前集76）

「汚い土には多くの作物ができるが、澄みすぎたきれいな水には魚は住むことができない」という意味の言葉です。

ここでいう「汚い土」とは、「不潔」という意味ではなく、「いろいろなものを含んで見た目は悪いが、栄養分が豊かな肥沃な土地」という意味です。「澄みすぎたきれいな水」とは、「魚のエサになるプランクトンもいないくらい澄んだ水」ということです。

きれい過ぎる水に魚が住まないのと同様、人間関係もあまりに潔癖にしすぎないことが大事です。世俗の垢や汚れなども受け入れる広い度量を持つべきであるし、潔癖すぎて人を寄せ付けないような態度をとらないようにしましょう。

才能は、人徳があって初めて生きる

徳は才の主にして、才は徳の奴《ど》なり
徳者才之主、才者徳之奴（前集１３９）

企画力や営業力など、職種によって必要な能力はさまざま。新人のうちから、才能やセンスを感じさせる人はいるものです。でも、自分の才能を自慢する人は、周囲から嫌われてしまうでしょう。

『菜根譚』では、「人徳は才能の主人、才能は人徳の召使いである」と教えています。どんなに優れた才能があっても、優れた人格なくしては宝の持ち腐れといえます。

仕事を依頼する側も人間。同じ仕事を託すなら、人望の厚い人、応援したくなる人に頼みたくなるのが人情というものです。人徳のない人は、才能があっても活かす場が与えられません。せっかくの才能を活かすためにも、誠実に人と付き合うことが大事です。

年をとっても、輝きを増すことはできる

日既《すで》に暮れて、而《しか》もなお烟霞絢爛《えんかけんらん》たり。
歳将《まさ》に晩《く》れんとして、而も更《さら》に橙橘芳馨《とうきつほうけい》たり

日既暮、而猶烟霞絢爛。歳將晩、而更橙橘芳馨（前集１９６）

日が暮れても、夕映えは美しく輝きます。年が暮れようとしていても、だいだいやみかんは、いい香りを放ちます。人生の晩年になっても気持ちを奮い立たせて、立派な生き方をしたいものです。

反省する人は、伸びるスピードが違う

己を反《かえり》みる者は、事《こと》に触れて皆薬石《やくせき》と成《な》り、
人を尤《とが》むる者は、念を動かせば、即《すなわ》ちこれ戈矛《かぼう》なり

反己者、觸事皆成藥石。尤人者、動念卽是戈矛（前集146）

「失敗は成功のもと」という言葉があります。実際に、今成功をつかんでいる人たちが、昔はたくさんの失敗をした、という話もよく耳にします。

しかし、ただ失敗を重ねれば成長していくわけではありません。失敗は、そこから学んで初めて活かされるのです。失敗の原因は何だったのか、どんな行動をすれば未然に防ぐことができたのか。それを考えることで、自分の力に変えていくことができます。

反省がなければ、進歩なく、また同じことを繰り返してしまいます。自分の行動を振り返り、失敗や経験をしっかり自分の糧にする人だけが、成長を続けられるのです。

厳しい注意や叱責には成長の種が隠れている

寧《むし》ろ君子の責修《せきしゅう》するところと為《な》るも、
君子の包容《ほうよう》するところと為《な》ることなかれ

寧爲君子所責修、毋爲君子所包容（前集１８９）

尊敬する上司に叱られるのはつらいもの。誰しも、できることなら叱られることなく仕事をしたいと思っているでしょう。

しかし、仮にどんなミスをしても、どんなに怠慢にしていても、上司から何の注意も受けなくなったら、あなたの成長は止まってしまいます。注意するというのは、この先もあなたにその仕事を任せたい、指摘することであなたがもっといい仕事をするようになるはずと思っている証拠です。

「この人みたいになりたい」と思える相手の言葉には、あなたに必要な成長のヒントがたくさん隠されているはず。成長につなげようという意識で、相手の叱責を受け止めてみましょう。

優れた教養が豊かな心と成果をもたらす

易《えき》を暁窓《ぎょうそう》に読んで、丹砂《たんさ》を松間《しょうかん》の露《つゆ》に研《みが》く。
経《きょう》を午案《ごあん》に談《だん》じて、宝磬《ほうけい》を竹下《ちくか》の風に宣《の》ぶ

讀易曉窓、丹砂研松間之露。談經午案、寶磬宣竹下之風（後集54）

朝から晩までみっちり働き、休日になっても次の仕事のことを考えて……。そんな日々が、果たしてあなたを成長させてくれるでしょうか。ひとつのことだけにまっすぐ向き合う姿勢は、時に考え方を狭め、成長の枷となってしまいます。

忙しい仕事の合い間にでも、少し時間に余裕をもって、本を読んでみましょう。芸術に触れてみましょう。教養は、あなたの世界を広げ、感性を磨いてくれます。そのようにして、柔軟で豊かな心はつくられます。

そして、豊かな心を持って仕事をしてこそ、あなたに成果と成長がもたらされるものなのです。

実力の伴わない早熟より
確かな力に基づく晩成を

濃夭《のうよう》は淡久《たんきゅう》に及《およ》ばず、早秀《そうしゅう》は晩成《ばんせい》に如《し》かず

濃夭不及淡久、早秀不如晩成也（前集２２１）

入社当時から力を発揮してバリバリ仕事をこなし、一目置かれていた新入社員が、あるところでつまずいてからすっかり伸び悩んでしまった……そんな話を耳にした人もいるでしょう。
人の本当の力というのは、日々の積み重ねの中で磨かれていくもの。一見「仕事ができる」ように見える人は、小手先で要領よくやっているだけという可能性もあるのです。
地道に蓄積した力は、裏切りません。将来の大成に向けて、コツコツ努力することが大切です。

COLUMN 5
菜根譚の背景

本書142ページに、『菜根譚』前集56条の「書物を読んでも聖賢の心を理解しないのは文字の奴隷だ」という言葉があります。

この「聖賢」とは、孔子・孟子のことです。

『菜根譚』には、孔子の『論語』に基づく言葉が随所に見られます。

孔子だけではありません。『菜根譚』全体には、先人の教えが色濃く反映されています。それは老子や荘子の言葉がしばしば引用されていることからもわかります。

洪自誠を含む当時の知識人は、儒教の書物により、基本的な思想を確立しました。ただ、洪自誠は儒教・老荘だけでなく、仏典も愛読していたようです。

『菜根譚』には、儒教、仏教、道教の三教の思想が渾然一体となっています。儒教を中心に、仏教・道教を見事に融合させた傑作なのです。

第6章 自分自身に打ち勝つ

調子のいい時こそ気を引き締める

快意《かいい》の時、須《すべか》らく早く頭《こうべ》を回《めぐ》らすべし

快意時、須早回（前集10）

人は、調子のいい時は油断しやすいもの。「勝って兜の緒を締めよ」という言葉もあるように、うまくいっている時こそ、次に向けて気を引き締める。それが、常に安定して力を発揮する秘訣なのです。

勢いだけで走らず、
完遂させるための段取りを組む

意《い》の興《おこ》るに憑《よ》りて作為《さくい》する者は、随《したが》って作《な》せば則《すなわ》ち随って止む。
豈《あ》に是《こ》れ不退《ふたい》の輪《りん》ならんや

憑意興作爲者、隨作則隨止。豈是不退之輪（前集１６４）

「やろう」と思ったらすぐ行動する、そのスピードは大きな武器にもなりますが、そういう動き方ばかりする人は、気持ちが冷めた時にはあっさり投げ出してしまいがちです。

どんな仕事も、やり遂げてこそ結果になります。そして、やり遂げるためには根気よく続けることが必要です。物事のやり始めというのは、気持ちも新鮮で、一番やる気を出しやすいもの。それをその後も維持できるかどうかで、結果に差が出るのです。

勢いで物事に取り組む前に、一呼吸おいて、まずは自分が無理なく進められる計画を立てる。そうして、感情に振り回されず最後まで仕事を完遂させられる人こそがプロなのです。

忙しい時の一息で、平静を取り戻す

時、喧雑《けんざつ》に当たれば、則《すなわ》ち平日《へいじつ》記憶するところのものも、
皆漫然《まんぜん》として忘れ去る

時當喧雜、則平日所記憶者、皆漫然忘去（後集38）

限られた時間の中で、必死にたくさんの仕事をこなして、何とか期限内にすべて完了。しかし、後になって、普段ならあり得ないような単純なミスに気づいてやり直し……という経験は、誰にでもあるのではないでしょうか。忙しくしていると、周りが見えなくなり、何でもないことを見落としてしまいがちになります。

もちろん、どんな時も同じペースで丁寧に、とはいかないのが現実。ただ、忙しい時は仕事が雑になりがちだということを覚えておきましょう。そして、自分の頭の中がごちゃごちゃになっていると気づいたら、5分だけでいいので、一呼吸おき、心を落ち着かせてから仕事に向かいましょう。

安請け合いは、信頼を失う

快に乗じて事を多くすべからず

不可乗快而多事（前集２１３）

何でも引き受けてくれる人は頼りになりますが、引き受けるだけ引き受けて結局できなければ、信用は失墜してしまいます。自分の許容量を超えた仕事は、断ることもまた責任なのです。

Solution!
Check Status of Progress Report with Penny!
Call Suppliers to Confirm
Meet with Eddy to
Proofread
Phone Bill
Meeting
Sally

後悔しないかを考えてから行動を

人常《つね》に事後の悔悟《かいご》を以《もっ》て、臨事《りんじ》の痴迷《ちめい》を破《やぶ》らば、
則《すなわ》ち性《せい》定まりて動くこと正しからざるはなし

人常以事後之悔悟、破臨事之痴迷、則性定而動無不正（前集26）

プライベートでは、ダメ元で思い切った決断をすることもありますが、ビジネスの世界では、あまりに大きなリスクのある選択は歓迎されないでしょう。

『菜根譚』では、行動を起こす時は、その後のことを考えて後悔しない選択をすることを説いています。１００点か０点かの際どい勝負に命運を賭けるより、70点の仕事を確実にこなす選択の方が、この社会を生き抜いていくのに賢明と言えるでしょう。

もちろん、大勝負に出なければならない瞬間もあるはず。先を見据えて最善の選択をし、コツコツと仕事を積み重ねていくこと。その土台がいつか訪れる大勝負を乗り越える基礎にもなるでしょう。

喜びに節度を持つ

爽口《そうこう》の味は、皆爛《らん》腸腐骨の薬なり。
五分ならば便《すなわ》ち殃《わざわい》なし

爽口之味、皆爛腸腐骨之薬。五分便無殃（前集１０４）

忙しい毎日の中にあって、おいしい食事や友人との飲み会、ショッピングなどの趣味は、ストレスを解消して英気を養うために重要なもの。しかし、それらは度を超えると健康を害する原因になったり、散財がかさんで首が回らなくなってしまうこともあります。せっかくの楽しみが、新しいストレスを運んできてしまっては本末転倒です。

そうならないためには、楽しみもほどほどにしておくこと。ごちそうもお酒も、「もう少し欲しいな」というくらいで止めておきましょう。それが、好きなことを長く楽しむコツであり、大人の楽しみ方でもあるのです。

感情に支配されない心の強さを持つ

怒火欲水《どかよくすい》の正《まさ》に騰沸《ふっとう》する処《ところ》に当たりて、
明々に知得し、また明々に犯着《はんちゃく》す

當怒火慾水正騰沸處、明明知得、又明明犯着（前集119）

怒りは、表に出してはならないとわかっていても出てしまうことがあります。そんな時は、怒りを感じる「自分」を意識してみましょう。次第に心が落ち着き、物事を冷静に考えられるようになるはずです。

口を慎む自制心が身を助ける

口は乃《すなわ》ち心の門なり。
口を守ること密《みつ》ならざれば、真機を洩《もら》し尽くす
口乃心之門。守口不密、洩盡眞機（前集２１７）

トラブルというのは、得てして軽い気持ちで放った一言から生まれるもの。居酒屋で、同僚に取引先の愚痴をこぼしていたら、たまたま近くに居合わせていた他の取引先がその話を聞き、不信感を抱いてクレームに……という話はしばしば耳にします。

おしゃべりは楽しいものですが、一度口から出た言葉は、取り消すことができないということを忘れてはいけません。ビジネスシーンではそれが大事につながることもあります。トラブルを未然に防ぐためにも、発言する前に、その内容と相手、場を考えるようにしましょう。そして、迂闊に口を滑らせてはいけないシーンでは、極力口を開かないというのも選択肢なのです。

どんな時でも自分を律し、ひとつひとつを丁寧に

小処《しょうしょ》に滲漏《しんろう》せず、暗中《あんちゅう》に欺隠《ぎいん》せず、末路《まつろ》に怠荒《たいこう》せず

小處不滲漏、暗中不欺隱、末路不怠荒（前集１１４）

小さなことでも手を抜かず、人が見ていなくてもごまかさず、どん底の状態でもやけにならないこと。当たり前のことに思えますが、そのどれもしっかりできていると、自信を持って言える人は少ないのではないでしょうか。

トラブルやストレスのある中で自分を律するのは大変です。しかし、この言葉を胸に、ひとつひとつの仕事を丁寧にこなしていけば、どんな職場へ行っても、誰に見られても、ピンチに陥っても、自分の力を着実に発揮することができるのです。

歴代の成功者たちは、自分に打ち勝ち、これらを守ってきました。だからこそ、大きな成功をつかむことができたのです。

どんな困難にあっても立ち上がる力は消えない

見るべし、性天《せいてん》いまだ常《つね》には枯槁《ここう》せず、機神《きしん》最も宜《よろ》しく触発《しょくはつ》すべきを

可見、性天未常枯槁、機神最宜觸發（後集91）

厳しい社会の中では、すべてが嫌になることも、立ち上がる気力を失うこともあるでしょう。

しかし人は、どんなに打ちひしがれても、どんなに疲れ切っても、立ち直る力を秘めています。大切な家族や、共に道を歩んできた仲間、自分を慕う後輩の声を聞けば、あなたの心に力がみなぎってくるはずです。

疲れてしまった時は、休みましょう。十分に休息を取ればあなた本来の気力が戻り、再び歩き出せます。

自分が施した恩は忘れなさい

恩を施す者は、内に己《おのれ》を見ず、外に人を見ざれば、
即《すなわ》ち斗粟《とぞく》も万鍾《ばんしょう》の恵みに当たるべし

施恩者、内不見己、外不見人、即斗粟可當萬鍾之恵（前集52）

「新入社員に身銭を切ってご馳走してあげたのに、御礼の言葉もない」と怒っているビジネスマンがいます。

『菜根譚』は、「人に恩恵を施す者は、恩恵を施す自分を意識せず、また、相手の感謝を期待しなければ、たとえわずかな恩恵でも莫大な恩恵に値する」と教えています。この後に、「人に利益を与えた者は、そのお返しを要求する心を持つようであれば、たとえ莫大な大金であってもビタ一文の価値もない」と。

ひとつ前の条文では、「人が自分にかけてくれた恩は決して忘れてはならない」と教えています。人がかけてくれた恩は忘れるな、自分がかけた恩は忘れる。それが大事です。

進む道は自分で決める

人生は原是《もとこ》れ一傀儡《かいらい》なり。只《た》だ根蒂《こんてい》の手に在《あ》るを要す

人生原是一傀儡。只要根蒂在手（後集１２８）

会社の意のもとに働く身であっても、あなたの人生の主人公はあなたです。意志の手綱をしっかり握り、望む理想に向け、力強く前進していきましょう。

COLUMN 6
座右銘について

184ページに『菜根譚』前集52条の「恩を施す者は、内に己を見ず、外に人を見ざれば即《すなわ》ち斗粟《とぞく》も万鍾《ばんしょう》の恵みに当たるべし」という言葉を紹介しています。「人に恩恵を施しても、いつまでも覚えていては、せっかくの善行も無になる」という意味の言葉は、他の古典にもよく出てきます。

紀元前、戦国時代の思想家・荘子の言葉に、「人に施して忘れざるは、天布《てんぶ》にあらず」とあります。天布とは、天が万民に施すような真の恵みのこと。では、人から恩を受けた場合はどうでしょうか。

『菜根譚』の前集51条に、『我、人に功あらば念《おも》うべからず、（中略）我、人に恩あらば忘るべからず」という言葉があります。「人から受けた恩は、決して忘れてはならない」と。

このように、人に施した場合と、人から施された場合を比べて論じているのは、戦国時代の諸国の外交上の駆け引きを述べた『戦国策』という書物にすでに出ています。

　しかし、最も明確に語り、『菜根譚』の拠り所になったと思われるのは、二世紀の後漢時代の文人・崔瑗《さいえん》の著した『座右銘』の文でしょう。そこには、「人の短を道《い》うことなかれ、己の長を説くことなかれ。人に施しては慎んで念うことなかれ、施しを受けては慎んで忘るることなかれ（以下略）」とあります。このように『菜根譚』には、古典や過去の先人のすぐれた言葉から影響を受けたと思われる文句が多くあり、作者・洪自誠の広い学識がうかがえます。

　一般的に「座右銘」とは、「座右（座っている場所のそば）に置いて日頃の戒めとする言葉」とされます。しかし、その始まりは崔瑗の『座右銘』にあるのです。

　身近にある金属の器に刻み込んだ言葉を「銘」といいます。

菜根譚について

多くの戦乱が繰り返されてきた中国の歴史は、「戦乱の歴史」ともいえます。そんな中、人々は処世訓を求め、多くの処世の書が出されました。その最高傑作が『菜根譚』です。

四百年も前の中国の古典が、なぜ現在まで読み継がれているのでしょう。『菜根譚』には多くの素晴らしい点がありますが、そのひとつが前集と後集のみという構成のわかりやすさです。章名や見出しもなく、どこから読んでも、好きなところだけ読んでもいいようになっています。

そして何よりも、一番の魅力は内容の素晴らしさでしょう。作者の洪自誠は人生が思い通りにいかず、苦悩した人と思われます。その体験から得た「人生の真実」ともいえる思想を淡々とした見事な文章で表現していきます。余計なことを書かず、ただ真実だけを表した文章は読者の心に突き刺さります。それが、時代を超えて多くの人に愛読されてきた理由でしょう。

誰しも、生きていれば人間関係に悩み、逆境に苦しむ時期があります。その都度、落ち込み、自分の心を苦しめても問題の解決にはなりません。「苦しい時の心の持ち方」を『菜根譚』は教えてくれます。

監修	野村茂夫
装丁デザイン	宮下ヨシヲ（サイフォン グラフィカ）
本文デザイン	渡辺靖子（リベラル社）
編集	山浦恵子・廣江和也（リベラル社）
編集人	伊藤光恵（リベラル社）
営業	津田滋春（リベラル社）

編集部	鈴木ひろみ
営業部	廣田修・青木ちはる・中村圭佑・三田智朗・三宅純平・栗田宏輔
写真提供	Shutterstock.com

［参考文献］菜根譚（岩波文庫）／菜根譚（講談社学術文庫）／菜根譚（角川ソフィア文庫）／菜根譚、菜根譚Ⅱ（いずれも日本能率協会マネジメントセンター）など

ビジネスに役立つ **菜根譚**

2016年 6月23日 初版
2020年11月28日 再版

編　集　リベラル社
発行者　隅田 直樹
発行所　株式会社 リベラル社
〒460-0008 名古屋市中区栄3-7-9 新鏡栄ビル8F
TEL 052-261-9101　FAX 052-261-9134
http://liberalsya.com

発　売　株式会社 星雲社（共同出版社・流通責任出版社）
〒112-0005 東京都文京区水道1-3-30
TEL 03-3868-3275

ISBN978-4-434-22083-8　21102